# ख़ुशबू लुटाता हूँ मैं

गीत-संग्रह

## डॉ. विष्णु सक्सेना

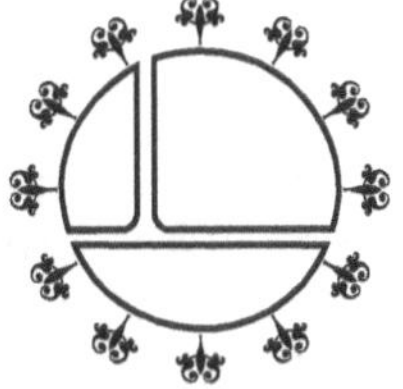

अंजुमन प्रकाशन

**अंजुमन प्रकाशन**

942, मुट्ठीगंज, प्रयागराज-3 उत्तर प्रदेश, भारत

www.anjumanpublication.com

contact@anjumanpublication.com



ISBN : 978-93-88556-64-4

मेरे दादा श्री चन्द्रभान 'शशि रवि'
एवं
प्रिय पाठकों को समर्पित

# कवि-परिचय

| | | |
|---|---|---|
| नाम | - | विष्णु सक्सेना |
| जन्म | - | 12 जनवरी |
| शिक्षा | - | बी.ए.एम.एस. (राजस्थान वि.वि. जयपुर) |
| जन्मस्थान | - | सहादतपुर, सिकंदरा राऊ, हाथरस, उ0प्र0 |
| पिता | - | श्री नारायण प्रकाश सक्सेना, माता- श्रीमती सरला देवी |
| पत्नी | - | श्रीमती वन्दना सक्सेना |
| पुत्र | - | सारांश, चित्रांश |

## सम्मान

मनहर सम्मान मुम्बई, देवी लाल सामर सम्मान-उदयपुर, श्रेष्ठ गीतकार सम्मान-उज्जैन, ओंकार तिवारी सम्मान-जबलपुर, जनहित सम्मान-चित्तौड़गढ़, सुनील बजाज सम्मान-कटनी, निर्झर साहित्य सम्मान-कासगंज, तूलिका साहित्य सम्मान-एटा, श्याम बाबा स्मृति सम्मान-हाथरस, महादेवी वर्मा सम्मान-फर्रूखाबाद, कीर्तिमान सम्मान-मैहर, गोपाल सिंह नेपाली सम्मान-भागलपुर, तुलसी माखन स्मृति सम्मान-खँडवा, मेघश्याम स्मृति सम्मान-वृन्दावन, हरिवंश राय बच्चन सम्मान-इलाहाबाद, राष्ट्रकवि मैथिली शरण गुप्त सम्मान-चिरगाँव, हाथरस गौरव सम्मान-हाथरस, वंशीधर शुक्ल सम्मान-लखीमपुर, भारतीय उच्चायोग लन्दन में सम्मानित, हिन्दी चेतना कनाडा सम्मान, हिन्दू एसोसिएशन राले धरम-अमेरिका द्वारा सम्मान, अंतर्राष्ट्रीय हिन्दी

समिति अमेरिका के वार्षिक अधिवेशन क्वीव्लेन्ड में विशेष सम्मान। राजस्थान के पूर्व मुख्यमंत्री एवं तत्कालीन कर्नाटक के राज्यपाल श्री मोहन लाल सुखाड़िया, उ.प्र. के राज्यपाल श्री विष्णुकांत शास्त्री तथा मुख्यमंत्री मुलायम सिंह द्वारा सम्मानित

# उपलब्धियाँ

1. देश की प्रतिष्ठित पत्र-पत्रिकाओं में साहित्यिक एवं चिकित्सा सम्बन्धी लेखों का निरंतर प्रकाशन।

2. आकाशवाणी तथा दूरदर्शन के राष्ट्रीय प्रसारणों में इण्डिया टीवी, सब टीवी, लाइव इण्डिया टीवी, ई.टीवी उत्तर प्रदेश आदि चैनलों से काव्य-पाठ।

3. कैसेट-शंख और दीप, सीडी-प्रेम कविता, तुम्हारे लिए, ढाई आखर प्रेम का

4. संग्रह- खुशबू लुटाता हूँ मैं, आस्था का शिखर, स्वर एहसासों के, खुशबू लुटाता हूँ मैं, लोकप्रियता के शिखर गीत

5. विदेश यात्राएँ- ओमान (1995,2005), इज़राइल (1997), अमेरिका (1997,2001, 03,11) थाइलेंड (2001,07), दुबई (2004,05,07,08,09,10,11), हाँगकाँग (2007, 08), नेपाल (2005,14), इंग्लैंड (2010), त्रिनिनाद एण्ड टोबेगो (2010)

6. हिन्दी कवि-सम्मेलन के मंचों पर विगत 32 वर्षों से सफल और सर्वाधिक लोकप्रिय गीतकार के रूप में प्रख्यात।

7. फिल्म- रंगमहल और फिल्म अभिनेता-निर्माता-निर्देशक मनोज कुमार की एक फिल्म 'द पेट्रिओट' में दो गीत

# अर्पण भार

एक दिन फूल से तितलियों ने कहा,
कैसे रहते हो खुश तुम हर इक हाल में?

फूल बोला कि, "खुशबू लुटाता हूँ मैं,
जब कि रहता हूँ काँटों के जंजाल में।।"

एक दिन मैंने मंदिर में पूछा प्रभो,
आपसे भी बड़ा कौन कलि-काल में?

बोले, "माँ-बाप से है न कोई बड़ा,
सब चढ़ा दो वहाँ जो रखा थाल में।।"

सन् 2001 में अमेरिका के टेक्सास प्रांत के डलास शहर में अन्तर्राष्ट्रीय हिन्दी समिति द्वारा आयोजित कवि-सम्मेलन में जब उपरोक्त पंक्तियाँ मेरे द्वारा पढ़ी गयीं तो ऑडीटोरियम में बैठे सारे लोग इन पंक्तियों के सम्मान में एक साथ खड़े होकर बहुत देर तक तालियाँ बजाते रहे। उनमें से कितने लोगों की आँखें भीगी हुई थीं मुझे नहीं मालूम, मुझे तो बस इतना पता है कि जीवन में पहली बार मेरे गीतों को इतना सम्मान मिलते हुए देखकर मेरी आँखें जरूर नम हो गयीं और मैं पलकें मूँदकर काफ़ी देर स्तब्ध-सा खड़ा रहा।

कार्यक्रम समाप्ति के बाद एक युवक राजीव मैनी, जो शायद उम्र में मुझसे बड़े ही होंगे, आँखों में आँसू लिये मेरे निकट आये और मेरे पैर छूने लगे। मैंने उन्हें बहुत रोका लेकिन वो भावातिरेक में बहते हुए मेरी प्रशंसा करते चले गये।

उन्होंने मुझे बताया कि मैं और मेरे बड़े भाई सुनील मैनी आज तक किसी मंदिर में नहीं गये, हमारे माता-पिता ही हमारे लिए ईश्वर हैं; हम उनके बड़े आभारी हैं कि उन्होंने हमें अपने पुत्र होने का गौरव दिया है। उन्होंने थोड़ी दूर खड़े अपने पिताजी से मुझे मिलवाया। मैंने श्रद्धा से उनके चरण-स्पर्श किये और कहा कि "ऐसे कलियुग में पाश्चात्य सभ्यता का पूरा प्रभाव होने के बावजूद आप बहुत सौभाग्यशाली हैं कि आप ऐसे पुत्रों के पिता हैं।" उन्होंने मुस्कुराकर मुझे और मेरी कविता को आशीर्वाद दिया। उनके चेहरे पर एक विशेष प्रकार की आभा, आत्मविश्वास तथा सौभ्यता थी। इस बात को दो वर्ष बीत गये।

दो वर्ष बाद मुझे फिर अमेरिका बुलाया गया। डलास में आयोजित हिन्दी अधिवेशन में मेरी आँखें लगातार उन्हें ढूँढ़ती रहीं। भीड़ बहुत थी फिर भी कार्यक्रम के अन्त में भाई सुनील मैनी जी मुझे मिलने आ ही गये। मुझे बहुत अच्छा लगा। थोड़ी देर बाद सुनील जी मुझे अपने पिताजी से दूर एकान्त में ले जाकर बतियाने लगे। कार्यक्रम के आयोजक श्री अशोक कुमार जी हमारे साथ थे। सुनील जी ने अच्छी इच्छा प्रकट करते हुए कहा 'विष्णु जी, मैं अपने पिता के सम्मान में कुछ आपके लिए करना चाहता हूँ और ये भी चाहता हूँ कि इस बात का मेरे पिताजी को पता न चले।

अशोक कुमार जी ने उन्हें सुझाव दिया कि आप इनकी नयी पुस्तक के लिये आर्थिक सहयोग कर सकते हैं। इस बात पर सुनील जी ने बिना विचारे अपनी सहमति दे दी।

आज जो पुस्तक आपके हाथों में है वह साहित्य प्रेमी सुनील जी एवं राजीव मैनी जी के सहयोग के कारण ही है; इसलिए मैं अपने द्वितीय संग्रह "खुशबू लुटाता हूँ मैं" को काव्य-प्रेमी देवतुल्य श्री देवेन्द्र देव मैनीजी को अर्पित करता हूँ और ईश्वर से कामना करता हूँ कि उनके एवं उनके संस्कारवान परिवार को दीर्घायु प्रदान करें।

शुभेच्छु<br>(डॉ० विष्णु सक्सेना)

# डॉ0 विष्णु सक्सेना के गीत केवल गीत की सृष्टि नहीं वरन् सृष्टि के गीत भी है - कुँअर बेचैन

हिन्दी में प्रेम-गीत लिखने वाले गीतकारों की एक लम्बी परम्परा है। इस परम्परा में इन दिनों जिस गीतकार ने अपने गीतों से देश-विदेश के काव्य-मंचों पर अपनी विशिष्ट पहचान बनायी है उस कवि का नाम है डॉ0 विष्णु सक्सेना। विष्णु सक्सेना को मंच पर सुनना स्वयं में एक आनन्दोत्सव से गुजरने जैसा है। उनका एक-एक गीत सहृदय पाठक और श्रोता को प्रेम के उस बिन्दु पर ले जाता है जहाँ 'द्वैत' नहीं रहता... जहाँ 'अंह' का विसर्जन और 'सोऽहं' की व्याप्ति अपने पूरे वैभव के साथ मन को अलंकृत कर जाती है। डॉ0 विष्णु सक्सेना अपनी एक निजी शैली रखते हैं; चाहे वह गीत-लेखन की शैली हो या गीत के मंच पर प्रस्तुतीकरण की। वे अपनी इसी विशिष्ट शैली के कारण न केवल श्रोताओं को वरन् कवियों को भी अपनी भाव-धारा में बहाकर ले जाते हैं। यही कारण है कि अनेक कवियों ने उनकी शैली में ही गीत लिखना और सुनाना प्रारम्भ कर दिया है। किसी भी कवि की यह एक बड़ी सफलता मानी जाती है कि उसके बाद के कवि और उसके बाद की पीढ़ियाँ उसकी शैली का अनुसरण करें। गीतकारों में नीरज, गोपाल सिंह नेपाली, रमानाथ अवस्थी के बाद डॉ0 विष्णु सक्सेना की ओर से की गयी जोर-जबरदस्ती नहीं हैं वरन् यह उनके गीत की लय का जादू है जो नये गीतकार में वह धुन पैदा कर देता है कि वह उनकी शैली में बिना लिखे रह नहीं पाता। आनंदोत्सव में तो एक लय, एक धुन में आकर प्रत्येक की सहभागिता अपेक्षित होती ही है।

गीत पनडुब्बी की तरह मन के महासागर में भीतर-भीतर यात्रा करता है।

कोई इन पनडुब्बी का चालक होता है और यात्री होते हैं इसी भाव के साथ जुड़े अनेक शब्द। पनडुब्बी में बैठे यात्री जिस प्रकार पानी में रहकर, पनडुब्बी में लगी खिड़कियों के शीशों की पारदर्शिता के माध्यम से सागर के स्वच्छ जल में जो कुछ भी है उसका दर्शन करते चलते हैं, ठीक इसी प्रकार गीत के शब्द भी तरलता के विविध रूपों से गुजरकर हृदय की विभिन्न झाँकियों को अपनी दृष्टि से भरकर उसका आनंद लेते हैं और फिर इसी आनंद को वह दूसरों में बाँटते भी हैं। जिस पर कुछ बाँटने को होगा ही नहीं वह बाँटेगा क्या। गीत के शब्दों पर इतना कुछ बाँटने को होता है कि उनके हाथ कभी खाली नहीं रहते। इन सबके पीछे गीतकर की संवेदनशीलता, अनुभूति की गहराई, अनुभव की सच्चाई और उसके हृदय की छलकन का भी बहुत बड़ा हाथ होता है। जो बहता नहीं है वह बहायेगा कैसे। कवि-गीतकार को पहले एक विशेष भाव-भूमि में रहकर एक सरल भाव-धारा में स्वयं बहना पड़ता है, तब ही उसके शब्द भीग उठते हैं और अपने मरमरी स्पर्श देकर दूसरे के हृदय में अपनी मूर्ति स्थापित कर देते हैं। डॉ0 विष्णु सक्सेना के गीतों की यही जादूगरी है जो व्यक्ति को मंत्रमुग्ध कर देती है।

जैसा कि मैंने प्रारम्भ में कहा कि डॉ0 विष्णु सक्सेना प्रेम की परम्परा के विशिष्ट हस्ताक्षर हैं, तो यह बात कोई यूँ ही नहीं कह दी गयी, वरन् इसलिए कही गयी है क्योंकि उनके गीतों में प्रेम तो है ही, प्रेम के विविध रंग, उसकी बहुमुखी तरंगें भी हैं... प्रीति-जगत के विविध व्यवहारों से भी डॉ0 सक्सेना सुपरिचित हैं। उनके गीत, गीत नहीं लगते वरन् अपने प्रिय के सम्मुख किये गये आत्मनिवेदन का सहज-सरल अभिव्यक्त-रूप लगते हैं। सामने प्रिय बैठा है और वे उसके सम्मुख अपनी समस्त चेतना और अवचेतना के गुह्य-लोक से प्राप्त अनेकानेक भावों को जल बनाकर इस जल से अपने प्रिय का जलाभिषेक करने लग जाते हैं। ऐसा जलाभिषेक जो प्रिय को बेहोशी के आलम तक ले जाता है; ऐसी बेहोशी जिसके लिये बड़े-बड़े योगी भी लालायित रहते हैं। वही बेहोशी जो ध्यानावस्था का परिणाम है; वही बेहोशी जिसमें भीतर ही भीतर कुछ बजता है। वही बेहोशी जिसके सरोवर में कमल खिलने लग जाते हैं, हंस तैरते हैं और रस की फुहार उसे भिगो जाती हैं।

विष्णु के गीतों में एक आस्था है, एक विश्वास है और सौन्दर्य की विभिन्न छवियाँ। रस की नवीन धाराएँ, कल्पना की चिरयुवा झंकृतियाँ और भाषा की मनोरम आवृत्तियाँ, ये सब इनके गीतों की सौन्दर्य-छटाएँ हैं। ऐसी सौन्दर्य-छटाएँ जो हृदय पर अमिट चित्र बना जाती हैं, क्योंकि वे जानते हैं कि रेत पर

नाम लिखने से क्या फायदा। वे अपने आपको एक गीतकार के रूप में इतनी दृढ़ता के साथ प्रस्तुत करते हैं कि फिर पूरे आत्म-विश्वास के साथ रेत पर नाम लिखने से क्या फायदा, एक आयी लहर कुछ बचेगा नहीं' जैसी गीत की पंक्तियों को आगे ले जाकर यह कहने में आत्म-गौरव महसूस करते हैं-

> *तुमने पत्थर का दिल हमको कह तो दिया*
>
> *पत्थरों पर लिखोगे, मिटेगा नहीं*

हाँ, सचमुच पत्थर पर लिखने से मिटने की सम्भावनाएँ कम रहती हैं। समाज में देखने से यह बात और भी स्पष्ट हो जाती है। सामान्यतः वे लोग जो इस मामले में कठोर होते हैं या यूँ कहें कि दृढ़ होते हैं, कि जो उन्होंने कह दिया, वह कह दिया, अब उसमें कोई उलट-फेर नहीं, वे लोग ही सुकोमल हृदय वालों की अपेक्षा रिश्तों को अंत तक निबाहने वाले होते हैं। 'पत्थर की लकीरें' जैसे मुहावरे में छुपी वचनबद्धता को विष्णु ने बड़े ही कौशल से, बड़ी ही सच्चाई के साथ उपर्युक्त पंक्तियों में व्याख्यायित करके एक मनोवैज्ञानिक यात्रा कराने में भी सहयोग दिया है इसलिए वह ये सुन्दर पंक्तियाँ भी उसी दृढ़ता से कह पाये-

> *आँख खोली तो तुम रुक्मिणी-सी लगी*
>
> *बंद की आँख तो राधिका तुम लगी;*
>
> *जब भी देखा तुम्हें शान्त-एकान्त में*
>
> *मीराबाई-सी इक साधिका तुम लगी;*
>
> *कृष्ण की बाँसुरी पर भरोसा रखो*
>
> *मन कहीं भी रहे पर डिगेगा नहीं।*

प्रेम में यदि विश्वास ही नहीं तो फिर प्रेम काहे का। विश्वास की नींव पर ही तो प्रेम का मनोरम भवन अपना आसन जमाता है। "कृष्ण की बाँसुरी पर भरोसा रखो, मन कहीं भी रहे पर डिगेगा नहीं' ऐसा विश्वास अचानक ही नहीं दे दिया जाता वरन् सतत साधना और विरल संयम का परिणाम होता है यह। इसीलिए मैंने कहा था कि विष्णु के गीत आस्था और विश्वास के गीत हैं।

प्रिय विविध रूपों में आता रहता है। एक ही छवि को अनेक रूपों में सँवारता रहता है। प्रिय की नित नवीनता ही तो अपने प्रिय को चिरनूतन बनाये रखती है। एकरूपता में जड़ता आ जाती अतः नित-नूतन शृंगार भी प्रेम की आयु को बढ़ाता है। किन्तु इसमें एक कठिनाई तो आ ही जाती है कि प्रिय का कोई चित्र कैसे बनाया जाये। यह ही नहीं, जीवन के यथार्थ की अनेक

कठिनाइयाँ भी तो बीच में व्यवधान बनती रहती हैं। वे तल्लीन कहाँ रहने देती हैं अपने प्रिय में। एक ओर प्रिय की छवियाँ बदलें, वह विभिन्न सौन्दर्य छवियों में आये और कोई उन चित्रों को बनाना चाहे, तूलिका उठाये और इधर उसके पाँवों में यथार्थ-जगत की कठिनाइयाँ शूल-सी चुभने लगें तो फिर कठिनाई तो आयेगी ही। तब ही तो विष्णु कह उठते हैं -

*पाँवों में बैठा है काँटा बबूल का,*

*हाथों से छूटी है कई बार तूलिका,*

*कैसे मैं रंग चुराऊँ*

*साँवरी, बोल कैसे चित्र बनाऊँ!*

प्रेम में सदैव नैकट्य तो रहता नहीं, अधिकतर तो दूरियों के व्यवधानों को ही सहना पड़ता है। किन्तु प्रेम क्योंकि एक खुशबू का नाम है अतः वह भीतर-भीतर कहीं महकता रहता है। यही महक तरह-तरह की सम्भावनाओं को जगाती है, तरह-तरह के पूर्वाभास भी कराती है और कल्पनाओं में तरह-तरह के रंग भरती है। ऐसी ही एक संभावना भरी पंक्ति देखें जो विष्णु के एक गीत की शीर्ष पंक्ति बनकर आयी है-

*'घर-आँगन सारा महक उठा मेरा*

*शायद तुममें भी चाह जगी आने की।'*

और फिर जब प्रिय के आगमन का एहसास होने लगे और यह विश्वास की सीमा को छू आये तो जो-जो प्रिय को पसंद है वह क्यों न किया जाये। इसीलिए एक अन्य गीत में विष्णु कहते हैं- ''जब से देखा तुम्हें फूल से प्यार है, हम मुँडेरों पे गमले सजाने लगे।''

जहाँ प्रेम है वहाँ सौन्दर्य स्वयमेव रहता है। अपने प्रिय से अधिक सुन्दर भला कौन लग सकता है। उसके सौन्दर्य का गुणगान उसी के सम्मुख किया जाये तब सौन्दर्य स्वयं गौरवान्वित होगा ही। प्रेम करने वाला चाहता यही है कि उसके प्रिय को अपने सौन्दर्य का एहसास हो। इसी आशा से वह कहता है -

*'पास तेरे प्रिये रूप हैं, रंग है*

*गंध सावन की और फागुनी अंग है।'*

प्रेम करने वाला अपने प्रिय के मुकाबले अपने आपको छोटा ही मानता है और अपने प्रिय को ईश्वर की कोटि तक ले जाता है। विष्णु के गीत में भी कुछ इसी प्रकार के भाव आये हैं जब वे कह उठते हैं-

<blockquote>
मैं तो टूटी हुई शाख का फूल हूँ<br>
और मरुथल की उड़ती हुई धूल हूँ,<br>
तुम तो ईश्वर के अद्भुत चमत्कार हो,<br>
मैं विधाता की अक्षम्य-सी भूल हूँ,<br>
एक निर्धन हूँ फिर पत्र बैरंग है,<br>
पास तेरे प्रिये रूप है रंग है।
</blockquote>

उसे डर है कि कहीं प्रिय का साथ न छूट जाये। इसलिए वह प्रिय के सम्मुख यह निवेदन करता है। कविता ''छोड़ दोगी मेरा हाथ यदि तुम प्रिये इस जहाँ के अँधेरों में खो जाऊँगा, ढाँप लो जो मुझे नेह की छाँव में, बेखबर ज़िन्दगी से मैं हो जाऊँगा।'' क्योंकि वह तो रात-दिन प्रिय के ध्यान में ही खोया रहता है। आशायें एवं निराशाएँ सभी प्रिय के प्रेम की डोर के साथ बँधी हैं। ''आशा और निराशाओं में जीवन का परिवेश बुना/श्वासों के कुण्ठित स्वर में भी बस तेरा संदेश सुना।'' उसने मन के कोरे दर्पण को प्रिय के नाम कर दिया है।

प्रेम में रूठने-मनाने का क्रम भी चलता रहता है। एक रूठता है दूसरा मनाता है; फिर दूसरा रूठता है, पहला मनाता है। कभी कठोर वाक्य भी नहीं चुभते और कभी सहज हँसी भी घायल कर जाती है। यह 'मान' (प्रिय से रूठने की दशा) सचमुच किसी भी प्रेमी के लिए बड़ा मारक होता है। यह तो बीच मझधार में डूबने जैसी स्थिति तक ले आता है। विष्णु एक गीत में ऐसी ही मनः स्थिति से गुजरते दिखायी देते हैं-

<blockquote>
छोड़िए-छाड़िए जो हुआ सो हुआ,<br>
अब हँसी भी करेंगे नहीं प्यार में,<br>
मैल मन में न लाना क़सम है तुम्हें,<br>
डूब जायेंगे हम बीच मझधार में।
</blockquote>

...और फिर भी यदि प्रिय 'मन' ही न पाता हो तो फिर दीवानगी की दशा तक तो प्रेमी पहुँच ही जायेगा। वह 'ना' को 'हाँ' में परिवर्तित कराने की एक लम्बी यात्रा तय करता है... फिर भी पता नहीं परिणाम क्या निकले। वह तो सहज भाव से प्रिय के दुःख को पहचानते हुए यह कहने लग जाता है-

<blockquote>
'चलते-चलते रुके और फिर चल दिये<br>
ऐसे घुट-घुट के कब तक रहोगे प्रिये।<br>
ग़म तुम्हारे अभी दिल में महफूज हैं
</blockquote>

यह बताओ कि 'हाँ' कब कहोगे प्रिये!'

और फिर अब तो फागुन भी आ गया। होली के रंग खिल उठे हैं, गुलाल उड़ने लगा है, किन्तु 'हाँ' के आगे अभी प्रश्न-चिह्न लगा हुआ है। ऐसे में यह कहने का मन तो होगा ही-

गया फागुन मुझे अपने में अब तो घोल दो
हो गयी है शाम,
ज़ुल्फें खोल दो।'

...और फिर शायद अब प्रिय ने उसकी बात मान ली तब ही तो ये सब होने लगा... नूपुर की छम-छम, थिरक रहे अंग, चंग करे ढप-ढप बरस रहे रंग।''
अब 'मान' समाप्त हुआ, मिलने की बेला आयी और फिर कवि कह उठा-

नभ के उड़ते रंगों में से
जी करता कुछ रंग चुरा लूँ,
सिंदूरी रंग अंक में भर के,
आ मैं तेरी माँग सजा दूँ।'

और फिर यह भी कह उठता है -

'इस दिन सभी गले मिल-मिलकर,
अपने मन का द्वेष मिटाते,
फिर हम ही क्यों रखें दूरियाँ,
आ तुमको मैं गले लगा लूँ।'

सचमुच डॉ0 विष्णु सक्सेना के गीत कथ्य की दृष्टि से बड़े ही महत्त्वपूर्ण हैं; कल्पनाशीलता की सौन्दर्यमयी छटा के भी दर्शन उनके गीतों में जगह-जगह होते हैं। वे रस के गीतकार हैं, सौन्दर्य के कवि हैं, प्रेम के पुजारी हैं; कथ्य एवं कल्पना का समन्वय उनके गीतों की विशेषता है। वे भाव-धारा को इतनी गहनता और गति के साथ प्रवाहित करते हैं कि यदि कहीं शिल्पगत कमजोरी रह भी गयी हो तो वह इस भाव-धारा में तिनके के समान बह जाती है। डॉ0 विष्णु सक्सेना 'सौ टंच' गीतकार हैं। उनमें बड़ी सम्भावनाएँ हैं, क्योंकि उनके लिए गीत की दृष्टि केवल गीत की सृष्टि ही नहीं वरन् सृष्टि का गीत भी है।

डॉ0 कुँअर बेचैन
3 एफ-51, नेहरू नगर
गाजियाबाद (उ0प्र0)

# आत्मिकी

(प्रथम संस्करण की भूमिका)

सचमुच गीत की यात्रा, जीवन की यात्रा की तरह बहुत कठिन है। जैसे जीवन में कभी उतार, कभी चढ़ाव, किसी मोड़ पर दुःखों का मेला तो किसी मोड़ पर सुख अकेला; कहीं खुशियों के चटख रंग तो कहीं मायूसी की कालिमा। बस कुछ इसी तरह मैंने गीत की हालत देखी। काव्य-मंच के सत्रह वर्षीय अनुभव में मुझे कहीं गीत को दुत्कारते हुए लोग मिले तो कहीं पुचकारते हुए। किसी ने गीत के नाजुक कन्धे थपथपाये तो किसी ने उन्हीं कन्धों को पकड़कर धक्का देने का प्रयास किया। किसी ने गीत के माथे का चुम्बन लिया तो किसी ने सुनते ही अपने माथे पर बल डाल दिये। किसी ने गीत की अंगुली पकड़कर साथ चलने का आश्वासन दिया तो किसी ने भीड़ देखकर उँगली को झटककर फिर अकेला छोड़ दिया। लेकिन इन सबके बावजूद गीत आज भी अपने उसी रूप में खड़ा हुआ है जिस रूप में पहले था। लड़खड़ाने से पहले कदम सँभल गये।

गीत तो शाश्वत है। नीरज जी के अनुसार ''जैसे सृष्टि की प्रत्येक वस्तु में लय है... नदियों का प्रवाह हो चाहे पक्षियों का कलरव और चाहे शिराओं में बहने वाला रक्त; उसी प्रकार गीत में भी एक प्रकार की लय होती है इसीलिए पाठकों और श्रोताओं को अब समझ आने लगा है और जो लय का विरोध करने वाले थे वे भी अब लय की ओर लौट रहे हैं।'' इसी का परिणाम है कि मेरे जीवन के इन सत्रह वर्षों में चाहे वो गीतकार हों, वीर रस के या हास्य रस के कवि हों, सभी ने मुझे इतना स्नेह दिया कि मैं कब बड़ा हो गया मुझे मालूम ही नहीं पड़ा। मेरे समवयस्क कवियों में गीत परम्परा से कोई नहीं जुड़ा तो मुझे चिंता होने

लगी; लेकिन कुछ वर्षों बाद कुछ अनुज गीतकार मुझसे अच्छे गीतों को लेकर, मुझसे अच्छा पढ़ने का संकल्प लेकर मंच पर आये तो मन को बहुत सुख मिला।

जो लोग दबी जुबान से यह दुष्प्रचार करते हैं कि गीत समाप्त हो गया, मैं उनकी बात को सिरे से नकारता हूँ। आज मंच पर गीत उसी रागात्मक उल्लास के साथ सुना जाता है जितनी कोई अन्य काव्य-विधा; इसका कारण कोई भी रहा हो। ये तो रही श्रव्य-काव्य की बात; इसी तरह प्रकाशन की तरफ देखें तो उतना ही बड़ा बदलाव आया है जितना मंच पर। इन दिनों अनेक गीतकारों के गीत संकलन प्रकाशित होकर बाज़ार में आये हैं। जो लोग गीत सुनाने में संकोच करते थे, गीत प्रकाशित कराने में झिझकते थे, उन्होंने धड़ल्ले से अपने संकलन प्रकाशित कराये हैं। कुछ कवयित्रियों ने भी यहाँ तक देखने में आया कि एक-दो हास्य-व्यंग्य के रचनाकारों ने, जिन्होंने कभी-कभार ही शायद गीत लिखा होगा, उन्होंने भी अपने गीत-संकलन प्रकाशित कराये हैं।

इसी 'शृंखला' में 'मधुबन मिले न मिले' के बाद मेरा दूसरा संग्रह 'खुशबू लुटाता हूँ मैं' आपके हाथों में हैं। अनुभवहीनता के कारण पहले संग्रह के प्रकाशन में हुई त्रुटियों का मुझे आभास है और खेद भी। फिर भी मुझसे और मेरे गीतों में स्नेह रखने वालों ने उस संग्रह को अपने हृदय की अतल गहराइयों में उतारकर खूब पढ़ा और सराहा। मैं उन सभी के प्रति आभार व्यक्त करता हूँ।

लोग मेरी चाहे जितनी भी प्रशंसा करें लेकिन मुझे अच्छी तरह ज्ञात है कि मैं किस धरातल पर हूँ और मेरी कितनी परवाज़ है। इतने दिनों तक लगातार लिखने पर भी मुझे आज यही लगता है कि मेरी लेखनी का बचपन अभी भी वहीं है। मैं अब भी काव्याकाश को छूती हुई अट्टालिकाओं की प्रथम सीढ़ी पर ही खड़ा हूँ। लेकिन इन गीतों को सुनकर मेरे अग्रज कवि एवं मेरे सखा कवि ये अवश्य कहते हैं कि मेरे गीतों में गेयता बहुत है, कानों के रास्ते सीधे-सीधे हृदय तक पहुँचने में सक्षम हैं। अब यह बात कितनी सत्य है या असत्य मुझे नहीं मालूम... यदि इसमें कुछ भी सत्य है तो ये मेरी आंशिक सफलता है बस इसी ग़लतफ़हमी को पालकर अब तक जो भी लिखा है आपके सामने है।

'खुशबू लुटाता हूँ मैं' गीत-संग्रह मैं अपने स्वर्गीय पिता श्री नारायण प्रकाश सक्सेना को समर्पित करता हूँ, जिनका परोक्ष आशीर्वाद, प्रतिक्षण, प्रतिफल मेरे साथ रहा है। मेरी ममतामयी माँ श्रीमती सरला सक्सेना, भार्या श्रीमती वंदना सक्सेना, पुत्रद्वय प्रिय सारांश-चित्रांश एवं आध्यात्मिक गुरु श्री

(पं0) निर्मल कुमार द्विवेदी का हृदय से आभारी हूँ जिनके आशीर्वाद और स्नेह ने मुझे यह गीत-संग्रह पूरा करने की प्रेरणा दी।

साथ ही सबसे अधिक मैं अमेरिकावासी श्री सुनील मैनी एवं राजीव मैनी जी के प्रति कृतज्ञता व्यक्त करता हूँ जिन्होंने अपने पूज्य पिताजी श्री देवेन्द्र देव मैनी के सम्मानार्थ इस संग्रह के प्रकाशन के लिये आर्थिक सहयोग प्रदान किया।

डा0 कुँवर बेचैन ने सटीक भूमिका लिखकर 'खुशबू लुटाता हूँ मैं' पर अपनी महती कृपा की है। पद्मश्री गोपालदास 'नीरज' एवं श्री सोम ठाकुर के प्रति मैं हृदय से आभारी हूँ जिन्होंने मुझे आशीष देकर मुझे धन्य किया है।

इनके अतिरिक्त उन सभी अग्रज और अनुज मित्रों को धन्यवाद देना चाहूँगा जिनके प्रयासों से ये गीत-संग्रह अपनी पूर्णता को प्राप्त कर सका।

साभार।

(डॉ0 विष्णु सक्सेना)
दयाल क्लीनिक
सिकन्दरा राऊ (हाथरस), उ.प्र.
पिन - 204215

# द्वितीय संस्करण के लिये

गीत संग्रह 'खुशबू लुटाता हूँ मैं' के प्रथम संस्करण को मिले असीम स्नेह के लिये मेरे तमाम गीत प्रिय पाठकों को बहुत-बहुत धन्यवाद। कम उम्र में कम अनुभव के साथ प्रकाशित इस गीत-संग्रह के प्रथम संस्करण में बहुत सारी त्रुटियाँ रह गयी थीं जो समय-समय पर बहुत खटकती थीं। उन सभी कमियों को दूर करने का प्रयास इस द्वितीय संस्करण में अंजुमन प्रकाशन, इलाहाबाद द्वारा किया गया है। प्रिय वीनस केसरी ने बहुत ही उदारता का परिचय देते हुए अपने सभी पूर्वग्रहों को एक तरफ रखकर मेरे इस गीत-संग्रह का द्वितीय संस्करण प्रकाशित करने का संकल्प लिया।

देश-विदेश में फैले मेरे समस्त प्रशंसकों और पाठकों से अनुरोध है कि उनका जैसा स्नेह पुस्तक के पहले संस्करण पर रहा वैसा ही स्नेह यथावत रखें। मेरे पाठकों को शिकायत रहती है कि मेरी किताबें बाज़ार में उपलब्ध नहीं हो पातीं, अतः आशा है अब उनकी यह शिकायत दूर होगी। अंजुमन प्रकाशन के पास खुली बिक्री के साथ-साथ ई-मार्केटिंग की उत्तम व्यवस्था है अतः विश्वास है कि अब पुस्तक इन्टरनेट बिक्री द्वारा सर्वसुलभ हो सकेगी।

अंजुमन प्रकाशन को पुनः धन्यवाद और आप सभी को शुभकामनाओं के साथ...

आपका

(डॉ० विष्णु सक्सेना)

# तृतीय संस्करण के लिये

मेरे जीवन में जितनी भी उपलब्धियाँ हैं उन पर प्रभु की कृपा का अंश सर्वाधिक है। इसलिए मैं किसी भ्रम में नहीं रहता। आने वाले हर नए दिन में जो भी कुछ घटित होता हैं वह सब पूर्व निर्धारित होता है ऐसा मेरा मानना है।

मैंने कभी कल्पना भी नहीं की थी कि जो कुछ भी मैं लिख रहा हूँ वह कभी किताब के रूप में प्रकाशित भी हो पायेगा। अगर किताब प्रकाशित हो भी गयी तो क्या वह इतनी पसंद की जाएगी कि उसकी प्रतियाँ जल्दी ही बिक जाएँ और दूसरा संस्करण छापना पड़े और दूसरा भी इतनी जल्दी खत्म हो जाये कि तीसरा संस्करण निकालने की नौबत आजाये। ये सब क्या है, रब की मेहरबानी ही तो है।

आज मेरी दूसरी पुस्तक 'खुशबू लुटाता हूँ मैं' का तीसरा संस्करण आपके हाथों में है। इस पुस्तक में मेरी काव्ययात्रा के आरंभिक क्षणों के गीतों का समावेश है। मेरे इन अल्हड़ और अपरिपक्व गीतों को भी जो आपने मान और सम्मान दिया है उसके प्रति मैं कृतज्ञ हूँ। मेरे इस सामान्य से श्रम को अंजुमन प्रकाशन ने अपने कला कौशल से विशेष बनाकर पहले दूसरा और फिर ये तीसरा संस्करण प्रकाशित कर जो आप सब तक पहुँचाने का पुनीत कार्य किया है उसके प्रति मैं उनका आभारी हूँ। समस्त गीतों को नए कलेवर में ढालने और कवर पेज की सुंदर साज सज्जा सब कुछ मेरे अनुकूल बनाने का उनका यह कार्य अत्यंत प्रशंसनीय है।

मैं मेरे तमाम पाठक, शुभ चिंतक, प्रशंसक एवं श्रोता समूह से अनुरोध करूँगा की भविष्य में भी इसी प्रकार अपने स्नेहाशीष के झरने से मुझे स्नेहासिक्त करते रहेंगे।

धन्यवाद।

साभार।

(डा. विष्णु सक्सेना)
गाज़ियाबाद (उ.प्र.)
मोबाइल-9412277268, 7017823400

# संकेतिका

# मन डिगेगा नहीं

रेत पर नाम लिखने से क्या फ़ायदा,
एक आयी लहर कुछ बचेगा नहीं।
तुमने पत्थर सा दिल हमको कह तो दिया,
पत्थरों पर लिखोगे, मिटेगा नहीं।


मैं तो पतझड़ था फिर क्यों निमंत्रण दिया,
ऋतु बसंती को तन पर लपेटे हुए।
आस मन में लिये, प्यास तन में लिये,
कब शरद आयी पल्लू समेटे हुए।।


तुमने फेरी निगाहें, अँधेरा हुआ,
ऐसा लगाता है सूरज उगेगा नहीं।
रेत पर ...


मैं तो होली मना लूँगा सच मान लो,
तुम दिवाली बनोगी ये आभास दो।
मैं तुम्हें सौंप दूँगा तुम्हारी धरा,
तुम मुझे मेरे पंखों को आकाश दो।।


उँगलियों पर दुपट्टा लपेटो न तुम
यूँ करोगे तो दिल चुप रहेगा नहीं।
रेत पर ...

आँख खोली तो तुम रुक्मिणी-सी दिखीं,
बंद की आँख तो राधिका तुम लगीं।
जब भी देखा तुम्हें शान्त-एकान्त में
मीराबाई-सी इक साधिका तुम लगीं।।

कृष्ण की बाँसुरी पर भरोसा रखो
मन कहीं भी रहे पर डिगेगा नहीं।
रेत पर ...

# कितने मैं दाग छुपाऊँ

पाँवों में बैठा काँटा बबूल का,
हाथों से छूटी कई बार तूलिका,
कैसे मैं रंग चुराऊँ
साँवरी, बोल कैसे चित्र बनाऊँ!


केशों में मैंने जब रंग आजमाये,
अम्बर में मेघा तब उमड़-उमड़ आये,
बिंदिया जब चमकी है,
दामिनि-सी दमकी है,
कैसे मैं रंग चढ़ाऊँ?
          प्रेयसी! कैसे तेरा ...


अलकों और पलकों पर रंग जब उभारे,
रक्तिम कपोलों पर दहके अंगारे;
झुकी-झुकी नज़रों में,
कम्पित-से अधरों में;
कैसे श्रृंगार सजाऊँ
          प्रेयसी! कैसे तेरा ...


श्वेत-धवल आँचल में शब्द-बँध न पाये,
पूनम की कौमुदि-से भाव भी लजाये;
जीवन की गाड़ी में,
सतरंगी साड़ी में
और कौन रंग लगाऊँ
          प्रेयसी! कैसे तेरा ...

# तेरी पलकों पे तितली सजाऊँगा

भीगी ज़ुल्फ़ें न ऐसे निचोड़ सजनी,
मेरे अधरों को प्यासा न छोड़ सजनी;
ओस से प्यास कब तक बुझाऊँगा
तू जो बरसे तो मैं भीग जाऊँगा।


मिलाकर निगाहें, निगाहों से बात कर,
चन्दन में डूबी इन बाँहों से बात कर,
एक भूल जीवन की धारा बदल दे जो-
भूलकर न ऐसे गुनाहों से बात कर।

आज चूनर ले धानी तू ओढ़ सजनी।
भीगी पलकों में सपने करोड़ सजनी।
तेरी पलकों पे तितली सजाऊँगा-
तू जो बरसे तो मैं भीग जाऊँगा।


आ चल, कुछ पल बैठें नदिया के तीर पर,
कुछ बातें हो जायें लहरों की पीर पर,
आँखों में आये जब नीर, गीत लिखना हो-
मैं लिक्खूँ राँझे पर तू लिखना हीर पर।

बाँध संयम का अब तो दे तोड़ सजनी।
मेरी साँसों पे साँसों को छोड़ सजनी।।
तन भिगोऊँगा मन से नहाऊँगा,
तू जो बरसे तो मैं भीग जाऊँगा।

रख जायें होंठ अगर खिलते गुलाब पर,
आ जाये चमन फिर तो पूरे शबाब पर,
सपने ही सपने हैं पन्ने-दर-पन्ने पर-
तेरा ही हक़ है इस दिल की किताब पर।

यूँ न भँवरों की गरदन मरोड़ सजनी।
टूटे सपनों को फिर से तू जोड़ सजनी।
गीत आशा के तुझको सुनाऊँगा-
तू जो बरसे तो मैं भीग जाऊँगा।

# जब भी तुम शरमाये हो

पतझड़ के आँगन में जब से आये हो,
बसन्ती-बसन्ती मेरा मन हुआ।
सूने सपनों में जब से लहराये हो,
बसन्ती-बसन्ती मेरा मन हुआ।।

जिस मुँडेर पर धूप कभी न आती थी,
उस घर की अब ईंट-ईंट गरमा गयी।
एक ही गमले में कनेर और छुई-मुई,
छुई-मुई के सँग कनेर शरमा गयी।

बस ऐसे ही जब भी तुम शरमाये हो,
बसन्ती-बसन्ती मेरा मन हुआ।


कल-कल करती नदियाँ ये बेकल करें,
आज नहीं कल आने का संदेश दे।
मगर तुम्हारे तन की वासन्ती घटा,
मुझे निकटतम आने का आदेश दे।।

बाँहों के घेरे में जब घबराये हो
बसन्ती-बसन्ती मेरा मन हुआ।

पीली-पीली सरसों गाती लोरियाँ,
नागफनी की थपकी से मैं सो गया।
फिर खोया सपनों के बियाबान में-
सारा जंगल संदल-संदल हो गया

खड़े-बड़े कोने में जब इतराये हो-
बसन्ती-बसन्ती मेरा मन हुआ।

सुर्ख रंग अधरों से मैं चोरी करूँ,
रंग गुलाबी गालों से मैं छीन लूँ।
आँखों के नीलेपन को भी घोलकर,
छटा फागुनी को लगता है पी न लूँ।।

भरे बसन्ती मौसम में मन भाये हो-
बसन्ती-बसन्ती मेरा मन हुआ।

# शायद तुमने सोचा होगा

घर-आँगन सारा महक उठा है मेरा,
शायद तुममें भी चाह जगी आने की।
आ गये तो इज़्ज़त बढ़ जायेगी मेरी,
ना आये तो रह जायेगी दो आने की।।


बन्दनवारें तो बाँध नहीं पाया पर,
चौखट पर दोनों आँखें बँधी हुई हैं।
तुम आओगे तो एक फूल तोड़ेंगे,
सारी कलियाँ लिखने से रुकी हुई हैं।।

यदि रुक न पाओ कोई बात नहीं मैं-
कोशिश कर लूँगा मन को समझाने की।।
आ जाओ...


जीवन-भर मैंने अमृत नहीं चखा है,
हाँ आश्वासन के भी ज़हर खूब पिये हैं।
मंज़िल आसानी से कैसे मिल पाती,
यारों ने पग-पग पर भटकाव दिये हैं।।

जिसको ढूँढ़ा उसको पाया था लेकिन,
अब ख़बर नहीं मुझको खुद गुम जाने की।।
आ जाओ...

तूफ़ानों से मत डरना सपने में भी,
ये आये हैं तो निश्चित ही जायेंगे।
घबराना मत काले बादल आयें तो,
एक पवन के झोंके में सब हट जायेंगे।।


लाचार नहीं मैं मुझ पर तरस न खाना-
मुझको तो आदत है ठोकर खाने की।।
आ जाओ...

# हम भी मजबूर हैं

होंठ प्यासे मेरे धूप भी तेज़ है,
पर नदी के किनारे बहुत दूर हैं।
प्यास कैसे बुझेगी भला प्यार की,
तुम भी मजबूर हो हम भी मज़बूर हैं।।

थरथराये रसीले अधर तो लगा,
जैसे इस साल की सर्दियाँ आ गयीं।
दीप जब देहरी पर जलाकर रखा,
जाने किस ओर से आँधियाँ आ गयीं।।

उम्र-भर का अँधेरा ये कैसे मिटे,
अब तो जुगनू भी थककर हुए चूर हैं।
प्यास...


फूल का मधु पिया तितलियों ने मगर,
लोग भँवरों पे करते हैं छींटाकशी।
दर्द, आँसू, कराहें तो देते हैं सब,
कोई देता नहीं एक पल की हँसी।।

फूल खिलते नहीं रूप की धूप बिन,
आओ शर्तें सभी आज मंज़ूर हैं।।
प्यास...

जब से चट्टान चिंता करे चोट की,
जाने क्या हो गया मेरे विश्वास को
जब से पतझड़ भी हँसते दिखे हैं मुझे,
भूलता जा रहा हूँ मैं मधुमास को।।

आ मरुस्थल मुझे तृप्ति-आभास दूँ,
मेरी आँखों में आँसू भी भरपूर हैं।।
प्यास...

# अनलिखी चिट्ठियाँ हैं

हाथ की ये लकीरे, लकीरें नहीं,
ज़ख्म की सूचियाँ हैं इन्हें मत पढ़ो।
दिल से उठते धुएँ को धुआँ मत कहो,
दर्द की आँधियाँ हैं इन्हें मत पढ़ो!


मुस्कुरायीं जो तुम स्वप्न आने लगे,
खिलखिलायीं तो दिन भी सुहाने लगे,
जब तुम्हारी नज़र ने हमें छू लिया,
अपनी आँखों के आँसू सुखाने लगे,

अब न आँसू न सपने न कोई चमक
खोखली सीपियाँ हैं इन्हें मत पढ़ो!
हाथ की...


मछलियाँ थीं मगर जाल डाले नहीं,
पास कंकर बहुत पर उछाले नहीं,
तुमको सीमाएँ अच्छी लगीं इसलिए,
पाँव चादर से बाहर निकाले नहीं।।

बुजदिली हो, हिचक हो या संकोच सब,
ये मेरी गलतियाँ हैं इन्हें मत पढ़ो!
हाथ की...

उम्र-भर हाथ सबको दिखाते रहे,
और निराशा में आशा बँधाते रहे,
जब से देखा तुम्हें फूल से प्यार है,
हम मुँडेरों पे गमले सजाते रहे।।


अब न खुशबू, न कलियाँ, न कोई सुमन,
व्यर्थ की डालियाँ हैं, इन्हें मत पढ़ो।
हाथ की...



मन बहकने लगा और घबरा गये,
भूख इतनी लगी धूप भी खा गये,
जिंदगी-भर बबूलों में भटका किये,
लौटकर अब उसूलों के घर आ गये।।


अब है संयम, न कोई वहम और अहम
ये मेरी संधियाँ हैं, इन्हें मत पढ़ो।
हाथ की...

# क्या बात करें कचनार से

जो कहता है उसे कहने दो,
मैं सहनशील हूँ सहने दो,
न:फ़रत भी है स्वीकार मुझे,
पर प्यार मिलेगा प्यार से।
ये पतझड़ कहे बहार से।


तेरे आँसू मेरे आँसू,
दोनों ही में है घटक एक,
दिल तेरा टूटे या मेरा,
दोनों की होगी चटख एक,
अपना गुलाब जब रूठ गया
क्या बात करें कचनार से।

ये पतझड़ कहे बहार से।


सोचा था हम तुम श्लेष बनें,
किस्मत ने यमक बना डाला,
हाँ राम-सिया के विरह हेतु
बस एक बहुत है मृगछाला,
जब प्रस्तावना अरोचक हो
क्या मतलब उपसंहार से।

ये पतझड़ कहे बहार से।

सरिता से कुछ कहना चाहा-
सागर ने आकर डाँट दिया,
जब-जब हमने जुड़ना चाहा
तो घटा-घटा कर बाँट दिया,
जब शून्य-शून्य ही रहना है-
क्यों गुणा करें हम चार से!

ये पतझड़ कहे बहार से।


तारों के आगे ग्रहण लगे,
सूरज की भी औकात नहीं,
ये तो सब है विधि का विधान,
जुगनू का कोई हाथ नहीं,
मेरा रिश्ता अब भी वह है
जो घुँघरू का झंकार से।

ये पतझड़ कहे बहार से।

# सपनों में तुम्हें बुलाऊँगा

जब तक स्वप्निल आशाओं का सुदृढ़ आधार नहीं होगा,
सह कहता हूँ प्रेयसि तब तक जीवन-उद्धार नहीं होगा।


जूड़े में जूही-पुष्प गूँथ,
बाँहों में बेला बँध जाये,
गोरे गुलाब की गल-माला,
कन्नेर करधनी बन जाये।

जब तक रुपसि मेरे समक्ष ऐसा शृंगार नहीं होगा,
सच कहता हूँ प्रेयसि...


दिन जैसे -जैसे कटें सुमुखि,
ना कटें विरह की ये रतियाँ;
मन के इस कोरे काग़ज़ पर,
लिख-लिख भेजूँ कब तक पतियाँ
हर पीर व्यक्त हो जायेगी यदि पत्राचार नहीं होगा,
सच कहता हूँ प्रेयसि...


तुम नयन मूँद जब सोचोगी,
तब-तब अपनों में पाओगी;
सपनों में मुझे बसाया है,
अब अपनों में कब आओगी।
उच्छ्वास और निःश्वासों का जब तक व्यापार नहीं होगा,
सच कहता हूँ प्रेयसि...

तुम विरह-गीत यदि गाओगी,
तो मैं विचलित हो जाऊँगा;
श्वासों की सौगन्धें देकर,
सपनों में तुम्हें बुलाऊँगा।
प्रारम्भ कहानी तो होगी पर उपसंहार नहीं होगा,
सच कहता हूँ प्रेयसि तब तक जीवन-उद्धार नहीं होगा।

# महत्तम बने और बनते गये

एक अडिग-सी शिला तुम सदा से रहीं,
बुलबुलों की तरह फूटते हम रहे।
दो से दो की तरह तुम तो दूने हुए,
और गुणनखण्ड से टूटते हम रहे।


हमने माथे से बिन्दी को बिन्दु समझ,
जब चुराया तो सीमान्त रेखा बना।
जब तना लाजवन्ती का हमने छुआ,
वो भी झुकने के स्थान पर था तना।

ज्यों दशमलव के आगे लगे शून्य हों,
बस उन्हीं की तरह छूटते हम रहे।


चुपके-चुपके हमें जब निहारा किये,
दृष्टि ऐसी झुकी जैसे समकोण हो।
रूप ही एक बस शाश्वत सत्य है,
सृष्टि ऐसी लगी ज्यों स्वयं गौण हो।

तुम स्वयंसिद्ध-सी एक प्रश्नावली-
हर कठिन प्रश्न से रूठते हम रहे।

हम कई बार मन से लघुत्तम बने,
तुम महत्तम बने और बनते गये।
यूँ तो अस्तित्व अपना रहा शून्य-सा,
अंक पर जब लगा लोग गिनते गये।


अर्थ के वास्ते आज कवि बन गये-
शब्द के अर्थ को लूटते हम रहे।

# याद दिलाये सावन की

छोड़ चली क्यूँ साथ सखी री!
इसीलिए हमसे रचवाये क्या मेंहदी से हाथ सखी री।


गुमसुम होगी कल ये देहरी,
सिसकेगा घर का अँगना।
रोयेंगी गुलशन की कलियाँ,
हिचकी-भर रोयें कँगना।

सूरज खाने को दौड़ेगा डसे चँदनियाँ रात सखी री।
छोड़ चली क्यूँ...


जिनके सँग पँचगोटी खेली,
जिनके सँग गुड्डा-गुड़िया।
कोई कहे मेरे बाग की बुलबुल,
कोई मैना कोई चिड़िया।

जब गोदी में खेली-कूदी छूटे वे पितु-मात सखी री।
छोड़ चली क्यूँ...

भइया याद दिलाये राखी,
भाभी होली फागुन की।
जब पीहर से जाये तू, माँ-
याद दिलाये सावन की।

सबके दिल दरपन हैं जैसे देना ना आघात सखी री।
छोड़ चली क्यूँ...


जा री जा तेरे दामन में-
खुशियाँ हो दुनिया-भर की,
जैसे लाज रखी इस घर की-
वैसे रखना उस घर की,
शुभ हो तुझे नया घर ले जा खुशियों की सौगात सखी री।
छोड़ चली क्यूँ साथ सखी री!!

# मन आदी आघातों का

दुःख में सुख की मधुर कल्पना कैसा सुघड़ निदान है।
प्यासे को दो बूँद ओस की मिलीं, मिला भगवान है।


जब माँ से चन्दा की ज़िद की,
कहा चाँदनी तेरी है।
सुख का दिवस बहुत छोटा,
पर दुःख की रात घनेरी है।
ऐसी ज़िद न कर रे लाडले तू कैसा नादान है।
प्यासे...


सम्बन्धों के अनुबन्धों में,
अँधिराया ही अँधियारा।
जाने किसकी नज़र लगी,
जो टूटा दरपन बेचारा।
सगुण पात्र में ऊधौ कैसा ये निर्गुण पकवान है!
प्यासे...


नयन उनींदे विवरण देंगे,
मेरी बीती रातों का।
समय किसी का सगा नहीं है,
मन आदी आघातों का।
अभिशापों का बोझ मुझी पर, कब पाया वरदान है
प्यासे...

एक नयी परिभाषा लिख दें,
युग की स्वर्णिम स्याही से।
निश्छल प्रेम करें जन-जन से,
जैसे मंज़िल राही से।
यहीं हुए अवतार यहीं पूजा जाता पाषाण है।
प्यासे...

# दिये सब बुझा दूँगा मैं

पास तेरे प्रिय रूप है रंग है,
गंध सावन की और फागुनी अंग है।


प्रेम-उद्यान की रातरानी हो तुम,
आँख मेरी मगर उसके पानी हो तुम।
जिसके हर मोड़ पर प्यार ही प्यार हो,
अनलिखी एक रोचक कहानी हो तुम।

जिसने देखा तुम्हें आज वो दंग है,
गंध सावन की और फागुनी अंग है।


मन के मंदिर में अपने बिठा लूँगा मैं,
तुमको पूजें सभी वो बना दूँगा मैं।
लाजवन्ती उजाले में शरमाये गर,
आरती के दिये सब बुझा दूँगा मैं।

प्यार की इस तुला में न पासंग है,
गंध सावन की और फागुनी अंग है।


मैं तो टूटी हुई शाख का फूल हूँ,
और मरुस्थल की उड़ती हुई धूल हूँ।
तुम तो ईश्वर के अद्भुत चमत्कार हो,
मैं विधाता की अक्षम्य-सी भूल हूँ।

एक निर्धन हूँ फिर पत्र बैरंग है,
गंध सावन की और फागुनी अंग है।

# मेरी आदत खरी बात की

तृप्त मयूरी हो ना पायी प्यासी ही रह गयी चातकी,
सत्य छिपाना तुमने सीखा मेरी आदत खरी बात की।


मैंने वन्दनवार सजाये,
क्या तुमको आभास हुआ!
कलियों ने अपमान सहा है,
फूलों का परिहास हुआ।
रात तुम्हारी सदा सुहागन   मेरी चिन्ता है प्रभात की,
सत्य छिपाना तुमने सीखा मेरी आदत खरी बात की।


विरह-व्यथा आँसू ने कह दी,
मैंने मन की पीर छिपायी।
केवल था सुधियों में जीवन,
जीवन की सुधि कभी न आयी।

ईश्वर से सबने है पाया   मुझसे विधि ने बड़ी घात की,
सत्य छिपाना तुमने सीखा मेरी आदत खरी बात की।


कैसे जन्म सार्थक मानूँ,
जब जीवन में तुम्ही न आये
वरदानों से भरे जगत में,
मैंने केवल शाप कमाये।

एक रंज जीवन की निधि है, शतरंजों ने कहाँ मात की।
सत्य छिपाना तुमने सीखा मेरी आदत खरी बात की।

हम-तुम ऐसे दूर रहे हैं,
जैसे दूर नदी के तट हैं।
कौन भरोसा करे यहाँ पर,
पग-पग पर बिछ रहे कपट हैं।
मन-अशांत की शांत नदी में, कल-कल भायी कब प्रपात की!
सत्य छिपाना तुमने सीखा मेरी आदत खरी बात की।

# जाने क्यूँ नाराज़ हुआ

कई निमन्त्रण भेजे सुख को जाने क्यूँ नाराज़ हुआ।
दुःख का पहले आमन्त्रण में मेरे घर आगाज़ हुआ।


बहुत परीक्षाएँ दे दीं पर,
एक नहीं परिणाम मिला।
होश सँभाला है तब से, कब-
नैनों को आराम मिला।

जाने क्यूँ ये दिल अपनी धड़कन से दूर-दराज हुआ।
दुःख का पहले आमन्त्रण में मेरे घर आगाज़ हुआ।


सूर्योदय तक हुयी प्रतीक्षा,
एक कली ना खिल पायी।
चुटकी-भर सिंदूर को कोई,
माँग तलक ना मिल पायी।

मैं शब्दों का धनी रहा पर अर्थों का मोहताज़ हुआ।
दुःख का पहले आमन्त्रण में मेरे घर आगाज़ हुआ।

आस मिलन की अभी शेष पर,
विरह-व्यथा से ऊब गये।
अगणित आँसू मोती बनकर भी-
सागर में डूब गये।


ये सब कुछ कल पर निर्भर था फिर जाने क्यूँ आज हुआ।
दुःख का पहले आमन्त्रण में मेरे घर आगाज़ हुआ।


कवि की मधुर कल्पना हो तुम,
हो मन में उद्गार नहीं।
केवल फूल देखकर लौटे,
क्या गुलशन में खार नहीं!


मेरे सुख की सोनचिरैया को दुःख जैसे बाज हुआ।
दुःख का पहले आमन्त्रण में मेरे घर आगाज़ हुआ।

# कितने ही वरदान आ गये

एक 'विशेषण' की तलाश में कई एक 'उपमान' आ गये।
मुझको ऐसा लगा कि जैसे मेरे घर भगवान आ गये।।


बन 'उपसर्ग' करूँ स्वागत,
जब-जब सोचा अवरोध हुआ।
'प्रत्यय' - समान पग में विराम की-
बेड़ी का - सा बोध हुआ।

अभिशापों को आज चिढ़ाने कितने ही वरदान आ गये।
मुझको ऐसा लगा कि जैसे मेरे घर भगवान आ गये।।


कई बार हम बन्द हुए,
नयनों के बन्द 'कोष्ठक' में।
लेकिन एक बार भी निर्णय,
हुआ नहीं अपने हक़ में।

काँटे जब ग़म की दुकान से लेकर के मुस्कान आ गये।
मुझको ऐसा लगा कि जैसे मेरे घर भगवान आ गये।।

आओ इन कोरे पन्नों का,
'हशिया' तलक भर डालें हम।
कठिन 'व्याकरण' जीवन का है,
इसे सरल कर डालें हम।


मावस की रातों में जबसे प्यार लिये दिनमान आ गये।
मुझको ऐसा लगा कि जैसे मेरे घर भगवान आ गये।।


सूरदास का सखा भाव या-
दास-भावना तुलसी की।
निर्गुण हो या सगुण भक्ति,
सब नेह बिना लगती फीकी।


शब्दों में मीरा की गरिमा भावों में रसखान आ गये।
मुझको ऐसा लगा कि जैसे मेरे घर भगवान आ गये।।

# अँधेरों में खो जाऊँगा

छोड़ दोगी मेरा हाथ यदि तुम प्रिये,
इस जहाँ के अँधेरों में खो जाऊँगा।
ढाँप लो जो मुझे नेह की छाँव में,
बेख़बर ज़िंदगी से मैं सो जाऊँगा।


तुम ही वीणा के तारों की झंकार हो,
तुम ही आसावरी मेघ मल्हार हो;
एक स्वर-लिपि तुम्हीं, लय के संसार हो,
ताल हो और संगीत का द्वार हो।


तुम मेरे साज़ हो, मेरी आवाज़ हो,
तुम मेरी गीतिका मैं तुम्हें गाऊँगा।
छोड़ दोगी...


ऋतु बसन्ती बसी मन्द मुस्कान में,
श्रावणी मेघ-से ये उमड़ते नयन;
पूस की शीत रातों से कँपते अधर,
देह-स्पर्श ज्यों जेठ की हो तपन।


कार्तिकी-दीप तुम, फागुनी-रंग मैं,
प्रेम-पात्रों में घोलोगी घुल जाऊँगा।
छोड़ दोगी...

प्रेम की पुंज द्वापर की तुम राधिका,
त्याग की मूर्ति सतयुग की तारामती;
भाव में भक्ति में तुम ही मीरा लगीं,
सत्य, निष्ठा में त्रेता की सीता सती।

अब युगों की तरफ कोई देखे भी क्यूँ,
तुम जहाँ भी रुकोगी मैं झुक जाऊँगा।
छोड़ दोगी...


मैं अमावस की रातों में भटका बहुत,
पर सितारे मेरा साथ देते रहे।
डूबने को भँवर भी बहुत पास थे,
पर किनारे तेरा नाम लेते रहे।

आज भागीरथी तुम मिलीं भाग्य से,
पाप जाने-अजाने में धो जाऊँगा।
छोड़ दोगी...

# सौ जन्म

जब आओगे तुम ओढ़ चुनरिया धानी,
हर्षित आँखों के अश्रु बनेंगे पानी।।
तुम एक बार कविता-सी बनकर देखो,
अपने अधरों की बात तुम्हें दे दूँगा।


तुम मदिर-कल्पना-सी स्वप्नों की रानी,
है प्रेम-पंथ में मेरी करुण कहानी;
मैं गीतों के शब्दों-सा भोला-भाला,
तुम कविता के भावों से सनी-सयानी।


इस जन्म प्रिये ये गीत तुम्हारा ही है,
सौ जन्म मिलें सौगात तुम्हें दे दूँगा।।
तुम आओगी...


तुम हो असाध्य-सी साध्य और हो भोली,
मन ने अनचाहे प्रेम-तुला पर तोली;
मैं जीवन का भी गणित न हल कर पाया,
तुम कई सवालों की ले आयी डोली


यदि अंक तुम्हारा सूना है तो प्रेयसि,
मैं अंकों की बरसात तुम्हें दे दूँगा।
तुम आओगी...


तुम कामधेनु-सी हो मेरे जीवन में,
मैं कल्पतरु-सा खड़ा अकेला वन में;

कैसे दोनों की हों इच्छाएँ पूरी,
ऐसा लगता है चोर छिपा है मन में।

मन का वह चोर प्रकट हो जाये तो फिर,
मैं डाल-डाल का पात तुम्हें दे दूँगा।
तुम आओगी...

# सृजन नहीं कर पाया

यूँ दुःख सहन किये थे हँसकर ये दुःख सहन नहीं कर पाया।
कैसे उस प्रकाश को पूजूँ जो तम वहन नहीं कर पाया।


तुमको बहुत तलाशा,
मरुथल की प्यासी आशाओं में;
उलझ गया मन जाने क्यूँ,
इन थोथी परिभाषाओं में?


अगणित सहे उलाहने जग के पर ये श्रवन नहीं कर पाया।
कैसे उस प्रकाश को पूजूँ जो तम नहीं कर पाया


मन को कैसे कहूँ सुरक्षित,
यह तन बस दीवार रेत की;
उसको मधुवन कैसे कह दूँ,
उगे जहाँ पर सिर्फ़ केतकी।


आँसू से जीवन-भर सींचा फिर भी चमन नहीं कर पाया।
कैसे उस प्रकाश को पूजूँ जो तम वहन नहीं कर पाया।


कवि की तो कल्पित उड़ान है,
पंछी एक न अम्बर में;
ऐसा लगता सभी कैद हैं,
किसी बड़े चिड़ियाघर में।

इतने किये प्रयत्न नीड़ का फिर भी सृजन नहीं कर पाया
कैसे उस प्रकाश को पूजूँ जो तम वहन नहीं कर पाया

आशा और निराशाओं में,
जीवन का परिवेश बुना;
श्वासों के कुण्ठित स्वर में भी,
बस तेरा संदेश सुना।

विश्वासों का कफ़न ओढ़कर प्रभु को नमन नहीं कर पाया।
कैसे उस प्रकाश को पूजूँ जो तम वहन नहीं कर पाया।

# उपवन तेरे नाम करूँ

मन का कोरा दरपन तेरे नाम करूँ।

डॉ. विष्णु सक्सेना

भँवरों का मदमाता गुंजन,
तितली की बलखाती थिरकन;
भीनी-भीनी गन्ध पुष्प की,
कलियों का छलका-सा यौवन

हरा-भरा ये उपवन तेरे नाम करूँ।
मन का...

शीतल मेघ छटा केशों में,
पलकों में दुनिया सपनों की;
गालों में हैं भाव गुलाबी,
अधरों पर बातें अपनों की।

दहका-सा आलिंगन तेरे नाम करूँ।
मन का...

करूँ निछावर ऋतुएँ तुझ पर,
बातें करूँ रँगोली से;
दीवाली से करूँ आरती,
नज़र उतारूँ होली से।

भीगा-भीगा सावन तेरे नाम करूँ।
मन का...

# उस पार तुम और इस पार मैं

छोड़िए-छोड़िए जो हुआ सो हुआ,
अब हँसी भी करेंगे नहीं प्यार में।
मैल मन में न लाना क़सम है तुम्हें,
डूब जायेंगे हम बीच मझधार में।


रात-दिन एक कर, सीख लय-ताल स्वर,
तब कहीं जाके इक गीत आया मुझे;
छोड़कर तुमने सरगम ज़रा देर में,
कुछ पता ना चला कब रिझाया मुझे।

चूड़ियों की खनक की कसम, मान लो-
सुर मिला दूँगा पायल की झंकार में।
छोड़िए...


तुम हँसी खिलखिलाकर हुई रोशनी,
जैसे आँगन में दीपक कई जल उठे;
ज़ुल्फ़ तुमने बिखेरीं उड़ीं खुश्बुएँ,
मन के मधुवन में अनगिन सुमन खिल उठे।

कनखियों से ज़रा देखिए तो सहीं
सारी खुशियाँ मिलेंगी पुरस्कार में।
छोड़िये...

है हमें याद इतना तुम्हें हो न हो,
बैठ पहलू में घण्टों सँवरती थीं तुम;
कोई दर भी न था कोई डर भी न था,
मेरे सपनों के घर में ठहरती थीं तुम।

कौन जाने ये किसकी नज़र लग गयी,
जो कि उस पार तुम और इस पार मैं।
छोड़िए...

# दो-चार बातें करें

चलते-चलते रुके और फिर चल दिये,
ऐसे घुट-घुटकर कब तक रहोगे प्रिये!
ग़म तुम्हारे अभी दिल में महफ़ूज़ हैं,
ये बता दो कि 'हाँ' कब कहोगे प्रिये!


आओ चन्दन से दो-चार बातें करें,
मूक बंधन से दो-चार बातें करें;
तुम मेरे मैं तुम्हारे नयन-झाँककर,
आओ दरपन से दो-चार बातें करें।

काटकर कुछ लिखा उसको फिर काटकर,
ऐसी गफ़लत को कब तक सहोगे प्रिये!
चलते...


आओ कुछ पल जियें चलके मधुमास में,
सारी बातें करें एक ही साँस में;
इस ज़माने का हमको भरोसा नहीं,
इसलिए और आ जाइए पास में।

रुकते-रुकते बहे और फिर रुक गये,
तेज़ धारे में कैसे बहोगे प्रिये!
चलते...

एक पल तुम जिये एक पल हम जिये,
सिर्फ़ दो पल में ही ज़िन्दगी कट गयी;
और दो ही थपेड़े समय के लगे,
दीप जलता रहा किन्तु लौ घट गयी।

जैसे-तैसे कहा फिर से चुप हो गये,
रेत के घर-से कब तक ढहोगे प्रिये!
चलते...

# तन्हाई डाँट गयी

सोचा कितनी बार मैं जाऊँ द्वार तेरे,
अपने हाथों करूँ रोज शृंगार तेरे।
भाग्य तब बिल्ली बाँट गयी,
सिरफिरी रास्ता काट गयी।


पीड़ा से अनुबन्ध हुआ तो,
आँसू रिश्तेदार बने;
लगी लगन में अगन तो,
सारे सपन बेवफा यार बने।


छोड़ लाज और शर्म करूँ मनुहार तेरे,
बदले में मिल जायें सभी दुलार तेरे,
तभी तन्हाई डाँट गयी
सिरफिरी रास्ता काट गयी।


मेरी खोयी खुशी मिली,
जब मुझे ग़मों के मेले में;
हाय विधाता! फिर भी,
उससे लिपटा नहीं अकेले में।


सोचा डालूँ बाँहो का गलहार तेरे,
घण्टों करता रहूँ यार दीदार तेरे,
इरादे दीमक चाट गयी-
सिरफिरी रास्ता काट गयी।

मेहँदी मेरी तेरी हथेली,
उस पर तेरा नाम लिखूँ;
मुखमण्डल को भोर लिखूँ,
और घनी लटों को शाम लिखूँ।

ले चल चाहे जिधर हाथ पतवार तेरे,
साथ बह रहा लहरों का संसार तेरे,
बात से झूठी नाट गयी-
सिरफिरी रास्ता काट गयी।

# कितनी दूर बहार

कैसा होगा साजन अपना कैसा होगा गाँव ?
कैसे होंगे फूल चमन के कैसी होगी छाँव ?
वैसे तो तकदीर हमारी है लाखों में एक,
ले फिर भी हाथ की रेखा देख,
ज्योतिषी हाथ की रेखा देख...


अरे बता दे कब तक भरना है पनघट से नीर !
कब तक भरी रहेगी बतला अन्तर्घट में पीर।
कितने दिन तक करना होगा नागफनी से प्यार
और बता दे इस पतझड़ से कितनी दूर बहार।


अब तक कोई बता न पाया ज्ञानी मिले अनेक।
ज्योतिषी हाथ की रेखा देख...


करम फले तो फले सभी कुछ भीख बंज व्यापार,
भाग्य की रेखा बाँच बता दे कौन करेगा प्यार।
कितने दिन तक रखना होगा और अभी उपवास
कितने दिन तक इन अधरों की रखूँ सुरक्षित प्यास।


बाँच-बाँच के अर्थ बता दे क्या विधना का लेख
ज्योतिषी हाथ ही रेखा देख...

राहू की हो वक्र दिशा तो राह उसे दिखला दे,
केतु करे विखण्डन तो तू खण्ड-खण्ड मिलवा दे;
मीन-मकर और कर्क-सिंह में जो हो जितना टेढ़ा,
ऐसी जुगत भिड़ा दे रे पण्डित कर दे दूर बखेड़ा।

कर दे ग्रह जो शान्त, दक्षिणा दऊँ एक सौ एक।
ले पण्डित हाथ की रेखा देख...

# अनकहा-सा बोल दो

आ गया फागुन मुझे अपने में अब तो घोल दो।
हो गयी है शाम ज़ुल्फ़ें खोल दो...


दूधिया पूनम में आओ,
हम नहाकर देख लें;
अपने सारे ग़म इन,
आँखों में समाकर देख लें।


एक अरसा हो गया कुछ अनकहा-सा बोल दो।
हो गयी है शाम ज़ुल्फ़ें खोल दो...


ये रसीले अधर,
यौवन की कहानी कह रहे;
एक हम हैं सामने-
बैठे हैं सब कुछ सह रहे।


जो मुझे अनमोल है वह तुम मुझे बेमोल दो।
हो गयी है शाम ज़ुल्फ़ें खोल दो...


लाओ तो अपनी हथेली,
लिखूँ अपना नाम मैं;
याद कर लेना मुझे,
जब हो चुकूँ गुमनाम मैं।


यूँ करो मुझको तुम अपनी दृग-तुला पर तोल दो।
हो गयी है शाम ज़ुल्फ़ें खोल दो...

# आँसू का अनुपात मिल जायेगा

देखना कल के अखबार का राशिफल,
योग मेरा तुम्हारे से मिल जायेगा;
बात हो साथ हो और फिर रात हो,
हाथ में खुद-ब-खुद हाथ मिल जायेगा।


मुझको पहचान के अपनी मुस्कान से,
तुम जलाओ दिये होगी दीपावली।
फिर से पुरवाइयाँ लेंगी अँगड़ाइयाँ,
चट चटक जायेगी बाग की हर कली।

धड़कनों की दुल्हन बन के शरमाओ तो-
दिल ये लेकर के बारात मिल जायेगा।


फूल बालों में जब से लगाया प्रिये,
हम परागों का व्यापार करने लगे।
आस्था मंदिरों में तुम्हारी जगी,
पत्थरों से भी हम प्यार करने लगे।

डाल दो तुम इधर एक शहरी नज़र-
नेह का तुमको देहात मिल जायेगा।

चटके दरपन में झाँकोगी टूटोगी तुम,
मेरी आँखें भला काम कब आयेंगीं
रात से दिन लिपटता है जिस बिंदु पर,
मेरे जीवन में वो शाम कब आयेंगीं।

तेज़ बारिश में तुम भीगकर देख लो-
मेरे आँसू का अनुपात मिल जायेगा।

# काँटे बेहतर फूलों से

मुझसे मत बात करो सुख की,
मैं पीड़ा का व्यापारी हूँ;
जो भी ईश्वर ने दिया मुझे,
मैं उसका ही अधिकारी हूँ।


छुआ जिस तितली को मैंने,
वो रंग लगा कर चली गयी;
जिस ऋतु को चाहा अपनाना,
वो हाथ हिलाकर चली गयी।


लेना क्या मुझे बहारों से,
मैं पतझड़ का अधिकारी हूँ-
मुझसे मत बात करो सुख की...


कोई माने या ना माने,
काँटे हैं बेहतर फूलों से;
फूलों का गिरना निश्चित है,
काँटे कब गिरे उसूलों से।


फूलों से तुम ही प्यार करो,
मैं काँटों पर बलिहारी हूँ-
मुझसे मत बात करो सुख की...

चाहे ग़म हों या हों खुशियाँ,
आँसू तो लाज़िम आने हैं;
हों कोई बहाने पर सबको,
ये दोनों नयन बहाने हैं।


तुम मीठा गंगाजल पी लो,
मैं तो आँसू-सा खारी हूँ-
मुझसे मत बात करो सुख की...

# बरस रहे रंग

नुपूर की छम-छम थिरक रहे अंग।
चंग करे ढप-ढप बरस रहे रंग।


टेसू के फूलों में चमक आ गयी,
पीली-पीली सरसों मन लुभा गयी;
झूम-झूम जाये ज्यों पी ली हो भंग
चंग करे ढप-ढप, बरस रहे रंग


खनक सुन कंगन की गीत जम गया,
बहुत ही सहज में मन मीत बन गया;
वीणा के तारों ने छेड़ दी तरंग,
चंग करे ढप-ढप बरस रहे रंग।


दुनिया है सतरंगी सपने सजाये,
पर राधा रंग अपने श्याम पर लगाये;
अम्बर में उड़े सब रंग एक संग
चंग करे ढप-ढप बरस रहे रंग।


फागुन में फाग खेल खुशियाँ मनाना,
बैर-भाव भूल सबको गले से लगाना;
प्रीति-रीति बढ़ने का प्यारा है ढंग
चंग करे ढप-ढप बरस रहे रंग।

# आ तेरी मैं माँग सजा दूँ

नभ में उड़ते रंगों में से,
जी करता कुछ रंग चुरा लूँ
सिंदूरी रंग अंक में भर के,
आ तेरी मैं माँग सजा दूँ।


देख तेरे मतवारे नयना,
आकुल मन-मयूरा ये कहता;
श्याम रंग का काजल ले के,
तेरी पलकों बीच लगा दूँ।


तेरे खुले हुए केशों में,
मुझे सुनहरी रंग झलकता;
लाल रंग के परिधानों में,
आ तुझको मैं दुल्हन बना दूँ


रंग-बिरंगे इस मौसम में,
सूरज भी अब शीतल लगता;
वो तो है तेरे माथे की,
बिंदिया सच्ची बात बता दूँ।


इस दिन सभी गले मिल-मिलकर,
अपने मन का द्वेष मिटाते,
फिर हम भी क्यों रखें दूरियाँ,
आ तुझको मैं गले लगा लूँ।

# गीत दे दीजिए

हो सके तो मुझे गीत दे दीजिए,
मैं अधूरा पड़ा संकलन की तरह
मैं तुम्हें गुनगुना लूँ ग़ज़ल की तरह,
तुम मुझे खुल के गाना भजन की तरह।


तुम बनो राधिका तो तुम्हारी क़सम,
कृष्ण-सा कोई वादा करूँगा नहीं;
जानकी बन के आओ अगर घर मेरे,
राम जैसा इरादा करूँगा नहीं।


प्रेम के यज्ञ में त्याग की आहुती-
डाल दो मन जला है हवन की तरह।
मैं तुम्हें...


माना गम्भीर हम वेद जैसे हुये,
किंतु तुम भी ऋचाओं-सी चुप-चुप रहीं;
बंधनों के निबन्धों को मैंने लिखा,
फिर भी नूतन कथाएँ न तुमने कहीं।


प्रीति-पथ पर चलें साँझ से क्यों ढलें
तुम थकन की तरह, मैं सपन की तरह
मैं तुम्हें...

मैंने चाहा बहुत गीत गाऊँ मगर,
तुमने वीणा के तारों को छेड़ा नहीं;
तुमने आने का मन ही बनाया नहीं,
रास्ता वरना घर का था टेढ़ा नहीं।

तुम तो सौभाग्यशाली रही हो सदा,
भाग्य अपना बना है करण की तरह।

# सब चढ़ा दो वहाँ

एक दिन फूल से तितलियों ने कहा,
कैसे रहते हो खुश तुम हरेक हाल में?
फूल बोला कि खुशबू लुटाता हूँ मैं,
जबकि रहता हूँ काँटों के जंजाल में।।

प्यार की जब भी छेड़ोगे तुम बाँसुरी,
पत्थरों के भी आँसू निकल आयेंगे;
प्रीत राधा है, मीरा है जिनके नयन,
बस जरा-सी झलक से बहल जायेंगे।

एक दिन तट से लहरों ने पूछा कि तुम,
कैसे रहते हो निश्छल हरेक हाल में?
तट ये बोला कि सहता हूँ कहता न कुछ,
चाहे हों सलवटें मन के रूमाल में।

प्यार जिससे करो डूबकर के करो,
एक न एक दिन तुम्हें यार मिल जायेगा
खिड़कियाँ, झिड़कियाँ, सिसकियाँ, हिचकियाँ,
सारे सपनों का संसार मिल जायेगा।

एक दिन पेड़ से पंछियों ने कहा,
मस्त रहते हो कैसे हरेक हाल में?
पेड़ बोला कि मिलता मुझे इसमें सुख,
बाँट देता हूँ जो फल लगें डाल में।

प्यार करना यहाँ जितना आसान है,
उतना मुश्किल निभाना है इस दौर में
और निभ भी न पाये तो कोशिश करो,
ना पड़े गाँठ इस प्यार की डोर में।


एक दिन होंठ से आँख ने ये कहा,
मुस्कुरा कैसे लेते हो हर हाल में
होंठ बोले, ''है कोशिश किसी आँख से,
कोई आँसू न आये नये साल में।''


ज़िंदगी उसकी बेरंग हो जायेगी,
रंग फूलों से जिसने चुराया नहीं;
वो रहेगा सुखी जिसने मेहमान का,
अपने घर में कभी दिल दुखाया नहीं।

एक दिन मैंने मंदिर में पूछा प्रभो,
आपसे भी बड़ा कौन कलिकाल में?
बोले, ''माँ-बाप से है न कोई बड़ा,
सब चढ़ा दो वहाँ जो रखा थाल में।''

# कुछ मुक्तक

किसी पे ऐतबार मत करना,
स्वप्न को तार-तार मत करना;
ये तो दुनिया ही इक छलावा है,
बंद आँखों से प्यार मत करना।


खिलती कलियों से प्यार कर लेते,
न खिलें तो गुहार कर लेते;
मान जाते तो ठीक था वरना,
तुम ज़रा इंतज़ार कर लेते।


अश्क आयें अगर तो बहने दो,
थरथरायें अधर तो कहने दो;
गर छुओगे तो टूट जायेगा,
फूल को शाख पर ही रहने दो।


अब किसी से भी आस मत रखना,
दर्द भी आस-पास मत रखना;
जी में आये तो मुझसे कह लेना,
अपने मन को उदास मत रखना।


चाँदनी छत पे जब उतारोगे,
तन सजाओगे मन सँवारोगे;
मैं मिलूँगा वहीं कहीं तनहा,
जिस किसी मोड़ पर पुकारोगे।

चाहे सूखा गुलाब दे देते,
गालियाँ बेहिसाब दे देते;
उम्र-भर देखते न सूरत पर,
मेरे ख़त का जवाब दे देते।


तुम ज़रा भी अगर बढ़े होते,
मेरी नज़रों में फिर चढ़े होते;
भूल कर भी न भूलते मुझको,
तुमने ख़त जो मेरे पढ़े होते।


ये जो नदिया के दो किनारे हैं,
दरअसल प्यार के ही मारे हैं;
फिर किसी मोड़ पर मिलें शायद,
झूठी उम्मीद के सहारे हैं।


फूल काँटों में ठन गयी होती,
रात और दिन में तन गयी होती;
तुम न आते जो मेरे आँगन में,
ज़िंदगी बोझ बन गयी होती।